Míriam Raventós, 1964 in Barcelona geboren, hat Übersetzung und Dolmetschen studiert. Erst mit dreißig Jahren machte sie eine Ausbildung zur Yogalehrerin. Sie ist jedoch überzeugt, dass man nicht erwachsen sein muss, um Yoga zu entdecken. Heute lebt Míriam Raventós mit ihren Hunden in Bellaterra im Großraum Barcelona. Sie liebt die Stille, die Berge und die Musik.

Maria Girón (*1983) stammt aus der Region Garrotxa in der katalanischen Provinz Girona. Aufgewachsen ist sie in einem sehr alten, von Bäumen umgebenen Haus – das perfekte Szenario, um mit ihrem Bruder Geschichten zu erfinden. Maria Girón hat in Bologna, Barcelona und Sevilla Kunst und Illustration studiert. Sie lebt als freie Illustratorin mit ihrem Sohn in Barcelona.

institut ramon llull
Katalanische Sprache und Kultur

Die Illustration dieses Buchs wurde vom Institut Ramon Llull mit einem Beitrag unterstützt.

Yoga

Übersetzung: David Knobel, dipl. Yogalehrer
Gestaltung: AS Grafik, Urs Bolz
Druck und Bindung: Grafisches Centrum Cuno, Calbe
ISBN: 978-3-03893-010-5

Besuchen Sie uns im Internet: www.baeschlinverlag.ch

Baeschlin wird vom Bundesamt für Kultur mit einem Strukturbeitrag für die Jahre 2016–2020 unterstützt.

Produziert mit Materialien aus nachhaltiger Forstwirtschaft und mit lösungsmittelfreier Farbe gedruckt.

Original titel: »Ioga«, published for the first time in 2016 in Spain by Fragmenta Editorial, SL.
Published by agreement with AKIARA books, SLU in cooperation with the VeroK Agency, Barcelona, Spain.

Míriam Raventós Maria Girón

YOGA

Übersetzt von David Knobel

BAESCHLIN

Kannst du verschiedene
Dinge auf einmal
machen?
Zum Beispiel …
Kannst du frühstücken,
während du auf dem
Tisch mit deinem
Lastwagen spielst?

Kannst du sprechen,
während du mit einem
Ball zwischen den
Füssen spazierst?

Kannst du in der Badewanne singen
und gleichzeitig mit dem Schaum spielen?

Sicher kannst du das!
Das ist ja auch nicht so schwer, oder?

Vor vielen, vielen Jahren, in Indien, erkannten ein paar Männer, dass es ziemlich einfach ist, verschiedene Dinge gleichzeitig zu tun.

Dennoch fragten sich die Männer, was wohl passieren würde, wenn man nur eine einzige Sache macht – und zwar die selbstverständlichste, die natürlichste Sache.

Hast du eine Idee, was das sein könnte?
Die Männer fanden, das Einfachste,
was man tun könne, sei: zu atmen.

Du hast recht: Gleichzeitig atmen und gehen,
ist ganz einfach! Atmen und dabei spielen,
ist noch einfacher, und übers Atmen und Schlafen
müssen wir gar nicht erst reden.
Die Aufgabe war jedoch, wirklich nur zu atmen
und zu merken, dass man atmet – ohne dabei
abgelenkt zu werden.
Probier es aus! Nun … du atmest, oder?

Die Männer setzten sich auf den Boden und schlossen
die Augen. Sie bereiteten sich darauf vor, zu atmen
und dabei wahrzunehmen, dass sie atmeten.
Und sie fühlten sich gut!

Du bist ein einzelner Mensch. Wenn du mit einem Freund zusammen bist, seid ihr zu zweit. Mit Papa, Mama und deinem Freund seid ihr zu viert. Aber wenn ihr zu viert still dasitzt und ganz ruhig atmet und ihr wahrnehmt, dass ihr atmet, dann werdet ihr euch wie eine Einheit fühlen. Es wird sein, als würdet ihr alle denselben Atemzug machen.

Für die Männer aus Indien war diese Entdeckung sehr interessant. Sie saßen zusammen da und atmeten, und sie fühlten sich wie eins – auch eins mit allem anderen.

Die Männer waren sich einig, dass dies großartig war. Aber sie merkten auch, dass es viel schwieriger ist, nur eine einzige Sache zu machen als viele Dinge gleichzeitig!

Setz dich für eine Weile auf den Boden. Schließe deine Augen. Spürst du, wie du atmest? Zähl deine Atemzüge: eins, zwei, drei, vier … Zähle mindestens bis zehn und beginne dann von vorne, zähle immer so weiter.

Die Männer und Frauen aus Indien hatten begriffen, dass einfach nur atmen gar nicht so einfach ist.
Vielleicht hast du das auch schon bemerkt?
Ständig wollten sie ihre Beine bewegen oder ihre Nasen juckten, der Rücken wurde ihnen müde, sie wurden abgelenkt von einem Geräusch, sie wollten etwas essen oder reden, schreien, spielen oder rennen …

Die Menschen erkannten,
dass sie zuerst üben mussten.

Doch was mussten sie üben?
Sie mussten den Körper
trainieren, damit er ruhig bleibt
und nicht protestiert.

Auch das Denken mussten sie trainieren. Denn die Gedanken waren noch viel zappeliger als der Körper! Oft hüpften sie herum wie ein betrunkener Affe, der von einem Skorpion gestochen worden war.

Die Menschen aus Indien liebten die Welt, die sie umgab, sehr. Von ihr konnte man viele Dinge lernen. Sie beobachteten die Bäume, die immer ruhig dastanden, ohne müde zu werden. Und die Menschen imitierten sie, indem sie die Haltung eines Baumes einnahmen.

Sie beobachteten den Mond,
der mal zunahm, mal abnahm.
Und sie ahmten ihn nach
mit der Stellung des Halbmonds.

Sie beobachteten die geschmeidigen
Katzen. Dann machten sie das
Buckeln nach und streckten sich,
wie es auch die Katzen tun.

Die Menschen beobachteten die stolzen,
mutigen und starken Löwen –
und imitierten sie, indem sie ihre
Haltung einnahmen.
Das fühlte sich toll an!

Sie beobachteten die lautlosen
und wachsamen Schlangen und ahmten
auch deren Haltung nach.

Sie beobachteten, wie die Schildkröten
sich in ihren Panzer zurückzogen
und so weder Hitze noch Kälte spürten.
Dann imitierten die Menschen die
Haltung der Schildkröte.

Die Menschen aus Indien wollten
die Welt auf dem Kopf stehen sehen.
Darum dachten sie sich noch
viele weitere Übungen aus.

Ihre Rücken wurden mit der Zeit
stark und beweglich. Nun konnten sie
stundenlang sitzen und atmen.
Sie fühlten sich immer zufriedener mit
der Welt und mit sich selbst.

Die Menschen kümmerten sich auch
um das Innere ihrer Körper.

Hattest du schon mal eine verstopfte Nase?
Puh, damit kann man sehr schlecht atmen!
Also lernten die Menschen, ihre Nase mit
Wasser und Salz zu reinigen.
Sie putzten auch ihre Augen, den Magen
und den Darm.

Man sagt, Indien sei ein schmutziges Land.
Aber diese Menschen waren zumindest
innerlich sehr sauber.

Schließlich entdeckten die Menschen
auch Übungen, die ihnen halfen, den Geist
von den Gedanken zu befreien.

Sie atmeten heftig und schnell und
konzentrierten sich dabei auf die Geräusche
des Atems.
Oder sie atmeten sehr langsam, mal durch das
eine Nasenloch, mal durch das andere.

Mit der Zeit konnten sie den Atem noch viel
länger anhalten als ein Taucher!

Die Menschen aus Indien waren sehr froh
über so viel Weisheit. Sie sangen Dankeslieder
für die Sterne, die Weisen und die Götter.

Die Inderinnen und Inder wussten, dass all diese Entdeckungen sehr wertvoll waren, und wollten nicht, dass sie verloren gingen.
Die Großeltern zeigten sie den Eltern und die Eltern den Kindern.
So wurden sie von Generation zu Generation weitergegeben – bis heute.

Das ist Yoga.

Viele Dinge lernen,
nur um eines richtig gut zu können:
einfach nur atmen.

PRAKTISCHE HINWEISE

Wie macht man Yoga? Die meisten Yogaübungen sind sehr einfach und von der Natur inspiriert. Du hast bereits gesehen, dass die Haltungen an Bäume, Tiere oder an den Mond erinnern.

Hier im Buch findest du ein paar dieser Übungen. Die anderen lernst du später – mit einem Lehrer.

Such dir zunächst einen ruhigen, ordentlichen Raum zum Üben. Auch eine gemütliche Atmosphäre ist wichtig. Eine Matte schützt deinen Körper, wenn du auf dem Boden liegst, und sorgt dafür, dass du dich nicht verletzt, wenn du einmal umfällst. Du musst genügend Platz haben, um dich strecken und bewegen zu können.

Mach dir keinen Stress: Du musst nicht alle Haltungen üben, nur die, die du magst. Wiederhole jede Übung drei- bis viermal, ruhe dich dann eine Weile aus – und spür deinen Atem.

Atmest Du? Fang an, durch die Nase einzuatmen: Stell dir deine Lunge vor wie einen Ballon, der sich gleichmäßig ausdehnt. Wenn er ganz voll ist, hältst du den Ballon einen kurzen Moment zu und lässt die Luft wieder sanft durch die Nase ausströmen. Dann atme normal weiter. Kannst du deinen Ballon noch langsamer, noch ruhiger und noch gleichmäßiger füllen und wieder leeren?

Leg dich jetzt auf den Rücken und stell die Füße vors Gesäß. Leg die Hände auf den Bauch: Merkst du, wie sich dein Bauch hebt, wenn du einatmest? Nun zähl jedes Mal, während sich der Bauch hebt, und jedes Mal, währenddem er sich wieder entspannt, auf sechs. Atme so fünfmal ein und wieder aus. Schaffst du noch fünf mehr? Wie viele Atemzüge kannst du zählen, ohne abgelenkt zu werden?

Nun ist der Moment gekommen, um auszuprobieren, wie sich die einzelnen Haltungen anfühlen.

DIE HALTUNGEN

Vriksasana
Der Baum

Stell dich auf einen Fuß und versuche, so fest zu stehen wie ein Baum. Stell dir vor, dass Wurzeln aus deinem Fuß wachsen! Richte deinen Blick auf einen Punkt und erhebe die Arme, als wären sie Äste. Atme ruhig und gleichmäßig. Du kannst zum Beispiel ein Kastanienbaum sein, dessen Äste sich zur Sonne hin öffnen. Oder eine lange, schlanke Pappel, die vom Wind geschüttelt wird. Welcher Baum möchtest du am liebsten sein? Nun übe dasselbe auf dem anderen Fuß.

Ardha Candrasana
Der Halbmond

Der Mond ist wie ein Satellit, der um die Erde fliegt. Wusstest du, dass jede Umdrehung des Mondes um die Erde ein Monat unseres Kalenders ist? In Wirklichkeit leuchtet der Mond ja nicht selbst, er reflektiert nur das Sonnenlicht. Je nachdem, wie die Sonne ihn beleuchtet, sehen wir ihn entweder voll, abnehmend, als Neumond oder zunehmend.

Bilde mit deinem Körper einen Halbmond. Stell dich hin und strecke die Arme über den Kopf, die Hände zusammengefaltet. Nun lehne dich langsam nach links, um den zunehmenden Mond nachzumachen. Schließ die Augen, atme ruhig und bewege dich nicht. Stell dir vor: Du bist der Mond in der Dunkelheit des Himmels und erhellst den Raum. Auf welcher Seite des Körpers fühlst du dich am hellsten?

Komm nun zurück in die Mitte und mach einen Moment Pause. Bevor du die andere Seite übst, überlege dir: Durch welches Nasenloch atmest du jetzt einfacher?

Nun kannst du den abnehmenden Mond nachmachen!

Marjaryasana
Die dynamische Haltung der Katze

Knie auf allen Vieren und stell dir vor, du hättest einen Schwanz wie eine Katze. Ohne die Hände oder Beine zu bewegen, machst du nun einen Katzenbuckel. Merkst du, wie du automatisch den Bauch einziehst? Und jetzt umgekehrt: Du hebst den Schwanz und deinen Kopf, der Bauch geht nach unten und du streckst deinen Hals.

Wenn du den Katzenbuckel machst, atme aus und mach dabei »Miiiaaauuu« wie eine Katze! In der Gegenbewegung atmest du tief ein. Wie oft kannst du den Katzenbuckel machen, ohne müde zu werden?

Stell dir jetzt eine Katze vor, wie sie sich mit den Vorderbeinen streckt und dehnt. Mach es ihr nach! Streck dich ganz nach Belieben und entspanne dich.

Simhasana
Der brüllende Löwe

Zuallererst muss sich der Löwe konzentrieren! Begib dich in den Fersensitz und hebe das Brustbein an. Aus der Taille drehst du dich ausatmend nach links. Schau über die linke Schulter und atme ein. Komm ausatmend zurück in die Mitte, atme ein und dreh dich beim Ausatmen genauso langsam auf die andere Seite. Komm wieder zurück in die Mitte und schau nach vorne. Erkenne, dass du ein mutiger und ruhiger Löwe bist, der ein starkes Herz hat.

Lehne dich nun ein wenig nach vorne und drücke deine Hände auf die Oberschenkel. Hebe deine Brust und öffne dein Herz wie ein Löwe, der auf einem hohen Felsen sitzt. Atme durch die Nase ein, öffne den Mund, zeig deine lange Zunge und brülle wie ein Löwe all deine Angst aus dir heraus: »Uhaaah!« Dann schließe den Mund, atme ruhig durch die Nase weiter. Wenn du wieder magst, wiederhole die Übung noch zwei- bis dreimal.

Bhujangasana
Die Kobra

Leg dich auf den Bauch, die Hände befinden sich unter den Schultern. Jetzt streckst du die Arme und kommst hoch wie eine Kobra, die sich auf ihre Beute stürzen will. Bleibe so und richte deinen Blick fest auf deine Beute. Atme durch die Nase ein und zische beim Ausatmen wie eine Kobra: »Zssssssss«! Danach rollst du dich auf dem Boden zusammen wie eine schlafende Schlange.

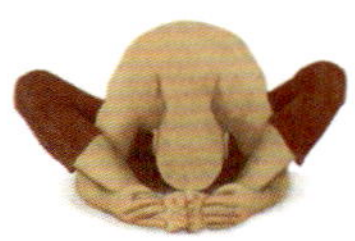

Kurmasana
Die Schildkröte

Setz dich jetzt hin, die Beine vor deinem Körper. Winkle die Knie an und lege die Fußsohlen gegeneinander. Leg deine Arme unter die Beine und halte deine Füße von außen mit den Händen. Dann stell dir deinen Rücken vor wie den Panzer einer Schildkröte. Egal, ob es kalt ist oder heiß: Die Schildkröte sammelt sich in ihrem Panzer und ruht dort ohne Sorgen.

Viparita karani
Die Umkehrhaltung

Lass uns nun den Körper umdrehen: Die Füße gehen hoch, und der Kopf bleibt unten (dabei stützt du dein Becken mit den Händen). Stell dir vor, dass deine Füße Augen, Ohren und eine Nase haben. Deine Füße können sehen, riechen und hören, was sie umgibt! Die Füße nehmen den Platz des Kopfes ein und sind lebendig und wach, leicht und glücklich.

Einfach nur atmen

Wenn du magst, setz dich jetzt im Schneidersitz auf den Boden. Schließe die Augen und atme. Die Gedanken sind still, ebenso der Körper.

Es gibt nur eine einzige Sache: EINFACH NUR ATMEN.